How About You?
你怎么样?
真爱召唤幸福

大川隆法
Ryuho Okawa

转念之间,让幸福持续上演

北方联合出版传媒（集团）股份有限公司
万卷出版公司

图书在版编目（CIP）数据

你怎么样？：真爱召唤幸福 /（日）大川隆法著；
金羽译．—沈阳：万卷出版公司，2014.3
ISBN 978-7-5470-2308-2

Ⅰ．①你… Ⅱ．①大… ②金… Ⅲ．①嫉妒 - 社会心
理学 - 通俗读物 Ⅳ．① C912.69

中国版本图书 CIP 数据核字（2014）第 031903 号

著作权合同登记号：06-2014-27

出版发行：北方联合出版传媒（集团）股份有限公司
万卷出版公司
地址：沈阳市和平区十一纬路 29 号　邮编：110003
印 刷 者：上海南朝印刷有限公司
经 销 者：全国新华书店
规　　格：188mm × 122mm　150 千字　40 幅图　4.5 印张
版次印次：2014 年 3 月第 1 版　2014 年 3 月第 1 次印刷
图书作者：（日）大川隆法
责任编辑：张旭
特约编辑：王慧瑛
封面设计：谭文慧
排版设计：王栋
书　　号：978-7-5470-2308-2
定　　价：29.80 元

联系电话：024-23284090
传　　真：024-23284521
E — mail：vpe_tougao@163.com
网　　址：www.chinavpc.com

常年法律顾问：李福

前　言

本书属于继《咖啡时间》、《品茶时间》、《我很好》之后的系列轻松读物，但愿能对读者们有所帮助。

若要以一语点明本书主题的话，即“嫉妒与活得清爽之间的关系”。

其实，我很想将本书定名为《非幽灵人生的活法》，但这种异样的书名，恐怕难以让人在公众场合阅读吧。

本书的英文名是《How About You?》这与《Coffee Break》、《Tea Time》、《I’m Fine》构成系列丛书，看书名你可

能会以为这是一系列初级英语会话书，但不管怎样，希望它们能轻松地帮你开启自身幸福生活的心扉。

大川隆法

How About You?

你怎么样？

真爱召唤幸福

Contents

目 录

Part 1 你受过爱的愚弄吗？真正的爱是给予自由

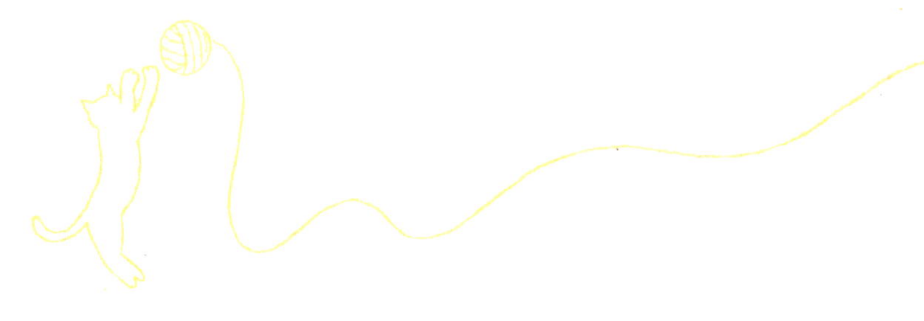

Part 1 你受过爱的愚弄吗？真正的爱是给予自由

你的爱是真的吗？ Part 2

Part 2 你的爱是真的吗?

你的心清爽吗？ Part 3

Part 3 你的心清爽吗?

爱是什么？

当有人直率地提出一个朴素的问题：“爱是什么”的时候，到底有多少人能够贴切而简洁地回答出来呢？

你明白：“爱很重要，但这个‘爱’到底指什么？”

你真的能贴切地回答上来吗？

在回答时，不要用冠冕堂皇的话去搪塞，而必须用更浅显易懂的、自己的话做说明。

若做不到这一点，就说明自己还没有获得真正的觉悟。

因此，我提议，各位需要从多方面去思考，爱到底是什么？要深入地理解什么是爱，尝试如何才能简单地说明什么是爱。

How
About
You?

Part 1

你受过爱的愚弄吗?
真正的爱是给予自由

Real Love Gives Freedom

描述嫉妒心的电影《怪谈》

先来谈谈不受嫉妒心愚弄的秘诀吧。

谈到嫉妒心，我想起一部2007年的电影《怪谈》。说实话，我不太想向大家推荐这部电影。我个人自从从事现在的工作之后，一直尽量避免看恐怖电影。

可是，因为工作关系，这种恐怖电影的表现手法也是一种研究的对象，另外对女主角扮演的幽灵到底是有多难对付，我多少有些兴趣。在这种想法的驱动下，我还是走进了电影院。

有些人可能没有看过这部电影，所以，

先来简单地介绍一下故事情节。

时间是江户时代末期。江户镇上，有一个教人用三弦琴弹唱净琉璃的女老师，这是一位年近四十岁的单身美女。

这位老师家中，经常有个年轻男子出入。他是住在附近、卖香烟的一个小伙子。随着女老师和这位美男子的感情逐渐加深，从某个时刻起，她已把他当作自己的丈夫看待了。故事就是从这里开始的。

这个美男子刚过二十岁，比女老师年轻多了，两个人非常相爱。可是不久，老师就开始怀疑这个美男子与自己的年轻女徒弟有暧昧关系。“他是不是更喜欢年轻的女孩子呢？”于是她就开始嫉妒起来。

有一天，女老师的脸上出现了伤痕，而且还红肿起来，就像毁容一样可怕。可是，这个美男子并没有扔下她不管，还是用心照顾她。在一个烟火大会的晚上，正当美男子和年轻女孩在外玩耍的时候，女老师的病情突然加重，离开了人世，她就这样变成了幽灵。女老师在临死前给美男子留下了这样的遗言：“如果你和其他女人结婚的话，我就会杀死对方。”

从此以后，每当美男子要与别的女性结婚时，女老师的幽灵必定会出现，还会把对方折磨得死去活来。

电影《怪谈》描述的就是这样的情节。实际上，电影的电脑特技效果不错，加上女演员的精湛演技，我胆战心惊地看完了这部作品，并得出了一个体会：人变成幽灵的根源就在于此嫉妒。

这个电影是以男女之爱为中心，但这种“爱”的内涵出现了问题。

正因为爱，所以才想独占

关于“爱”，我写过许多东西，可是有关爱和执着的界限，实际上是个大难题。

越是爱，就会变得越执着。

越是爱，独占欲就会更加萌发。

自己所爱的人，如果对自己以外的人示好，自己的嫉妒心就会被激发起来。这的确是个难题。

如果不爱，就不会产生这样的问题。正因为有爱，才会想要独占，才会产生嫉妒。

几乎所有的人都难以逃脱这种情绪

吧。怎么样？基本上是逃脱不了的吧？

我在其他的作品当中，虽然曾提到夫妻间健全的嫉妒心是有一定效用的。但是看了这部幽灵恐怖片，我还是必须提醒各位一下，因为一个不小心，自己的执念是有可能让自己变成幽灵的。

佛教中“爱”等于“执着”？

释迦牟尼留给世人的话里，有一些现代人看来不可思议的教义。那是什么呢？那就是“对人，请不要过爱”的教义。

这里所说的“爱”，与我所倡导的“爱”有些不同，是指“执着”。它被称作“爱执”，指对亲友等人怀有一种像黏虫胶般执着的爱。

比如，父母对孩子会产生“执着”。现在独生子比较多，父母对孩子紧跟不舍，不肯放手，那种就像黏虫胶一样的爱让人无法逃脱，反而衍生出了很多烦恼。孩子一方会烦恼，父母也有父母的烦恼。

其实，夫妻之间也可能会出现这样的爱。

这种爱也被称作“束缚之爱”。虽说是“爱”，但不是我所倡导的“施爱”，而是将他人捆住的“束缚之爱”。

爱之中，既有“施爱”，

也有“束缚之爱”。

想离开父母而独立的孩子，与不让孩子逃脱的父母

人类从本能上来说，对亲人、伴侣关怀爱护是理所当然的，但如果过分了，就容易变成束缚之爱。

比如，母亲疼爱孩子，想把孩子抱得紧紧的，不让他跑掉。另一方面，孩子心里却想独立自立而进行反抗。因此，就必然会出现反抗期。

在这个时期，唯有能突破父母束缚之爱的孩子，将来才可以在社会上独当一面，并且，才能结婚，与父母以外的异性组成

家庭。

不能突破这个束缚的人，过了三十岁也无法结婚，肯定还会待在家里。这情形不仅会出现在母亲和儿子之间，被父母宠爱过头的独生女也是一样，像被黏虫胶黏住一样，出不了家门。

在爱的问题上分寸是很难把握的。

爱本身不是一件坏事，但正因为爱，所以才会溺爱，从而创造出了痛苦。如果走到了极端，最后就会变成电影《怪谈》中的女老师那样，因为不允许自己爱过的男人喜欢上其他的女孩，所以即使做了幽灵，也要将那个男人的女伴一个个地弄死。

相见是分别的开始

虽说电影看上去有些极端，但这样的事情，在看不见的世界里是实际发生着的。

从灵性的角度来看，死后变成“幽灵”的人中，不只有因憎恨而成的，还有许多“灵”正是因为有爱，才执着于家属、恋人或孩子，不想与他们分离。

释迦教义中的“对人不要过爱”、“不要执着”，就是教导我们不要执着于世俗观念，也许有人会觉得：“为什么如此冷酷？”可是，看了《怪谈》之类的电影后，你就会深刻理解其意思了。

如果在释迦的教义之前加一句“若不想变成幽灵”，就会让这个教义更易理解。

“若不想变成幽灵，就请舍弃执着。人一死，就要彻底放弃。不得执着于世间之物，不要执着于世界之人。要知道：即便是自己深爱之人终究要分别。离别之时一定会到。”释迦即是这么说的。

正如“相见是分别的开始”这句话所说，人与人终究会分开的。

相见是分别的开始。

无论多么相爱，

分别的时刻终究会来临。

与相爱的人分别是件令人悲痛的事

与相爱的人分别是最令人悲痛的事情，但却是人生中难以避免的。

亲密的伴侣、多年的合作伙伴，甚至至亲的人，因为某个事件导致相互憎恨，进而分道扬镳，这亦是悲伤之事。然而，这就是人生的真相。

“在流动、变化中，无一事能固定，这才是真实。认为世间存在着永不改变之物，这种想法其实才是错误的”，释迦如此教导世人。

结婚时，谁都希望爱会永远不变，但

在几十年的人生当中，毕竟会遇到相当多的痛苦局面。此时，请重新考虑一下爱所应有的姿态。

自己所表现出来的爱，是否是会让自己变成幽灵的束缚之爱，希望各位能试着思索一下。

“剩女家庭”之意外成因

独生女未能出嫁一直待在家里，有时实际上是因为父母太过疼爱女儿，不想放女儿走，想让其一直待在家里。

请各位思考一下：这种爱，是否就是自己死后，也要“附身”在女儿身上的束缚之爱呢？

或者说，夫妻之间虽然恩爱，也该重新检查一下：这种爱是否是自己死后，哪怕自己会变成幽灵，也要留在对方身边的束缚之爱呢？

人的灵魂毕竟是各自独立的，都有自己的修行课题，所以不应该对他人抱有过度的执着。

爱者别离，憎者偏遇的人生真相

释迦在“四苦八苦（编注：四苦指生、老、病、死；八苦是指除四苦外，尚有怨憎会苦，爱别离苦，求不得苦，五阴盛苦。）”的教义中是这样说道：“须知，世间是一个与相爱者别离（爱别离苦）、与憎者偏遇（怨憎会苦）的世界。”虽然这说法很残酷，但这就是人生的真相。

人际关系像河水一样流逝

另外，释迦还讲过“诸行无常”的教义。“世间的一切都在变幻中，任何事物都无法维持相同的状态。”事实的确如此。

我已经从事了二十多年的领导工作，但要想维持固定的人际关系，依然很难做到。

形形色色的人作为合作者出现，经过了短暂的时间又离开了，然后又有新人出现，交替轮换，好不热闹。曾有多次我以为这个人就是我一生的合作伙伴了，可事与愿违，这个人还是走了，留下许多令人悲伤的回忆。

然而，我渐渐地开始醒悟，人际关系就是这么一回事。然后我发现，各个不同的时期，都能够出现帮助自己的人，是一件多么值得感激的事情呀。而且，后来出现的人，几乎都比以前出现的更有力量。

这二十多年来的经历，让我感觉到：每个阶段，终会出现必要的人。因此，不能总是因为惜别而感到遗憾，还必须为新的相逢而感到喜悦。

只要在一生当中，和此人能够保持良好的关系就可以了。然而，也要做好这样的心理准备，也许不得不在某地某时与他告别。而另一方面，新人又会出现在眼前。因为不太了解新人是怎样的人，有时也会担心此人是否能够胜任。其实，新人有时能发挥出相应的力量，将局面支撑起来。

这种形式也许可以用新陈代谢这个词来形容，人际关系也会像河水一样流逝。

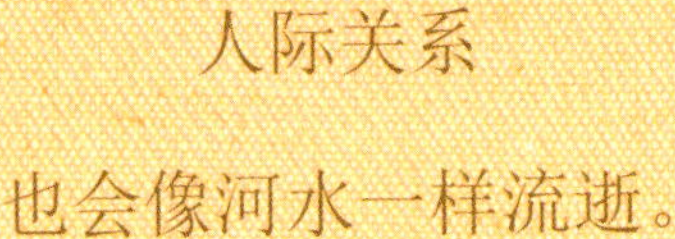

人际关系

也会像河水一样流逝。

送给亲人即将踏上彼世之旅的家属一些心得

各位必须对“诸行无常”这个词有一定程度的理解。比如，人与人交往时，相见之时就已经是离别的开始了。即使这世间没有人际关系上的离别，但最后死别的一刻也是一定会来到的。

若是在配偶去世后，自己一直处于悲痛中，那过世的人也一样会走得不安心，逝去的人就会因难过而无法踏上彼世之旅。

即使他进入新的世界，和新朋友相见、学习，进行那个世界修行时，也会感到背后有一只手在拉自己一样。

此人放心不下自己的妻子，心情就像脑后的头发被人扯住一般。这种心情若太强烈，那就太可怜了。

从结婚时开始，就必须冷静地意识到这样一个事实：总有一天会与相爱的人告别。

如果能这么想，在人际关系上就会保持一定的“不动心”，给自己带来内心的安定。这样看起来也许比较冷漠，从某种意义上来说，却可给予人一种与安宁相类似的感觉。

孩子早晚都要离开父母而自立

人的一生当中，既有与孩子分别的时候，也有先孩子而离开人世的时候。一生当中会发生许许多多的事情。然而，世上的众生都是如此。

自己的孩子出生时，谁都会想：要是能够一辈子住在一起就好了。可是，总有一天，孩子一定会想要反叛自立。即使心有不甘，家长也必须接受这一现实。如果做父母的去压制这种行为，那就大错特错了。这样想，就会减少许多不必要的痛苦和悲伤。

在人际关系中，重要的是要以爱为“杠杆”，避免增大痛苦和悲伤。

心是很难自由操控的

这个世上，没有任何一样东西是可以自由操控的。即使是自己的心，也非常困难，很难做到如臂指使。

有个词叫作“心猿意马”，是指心就像猴子跳、马奔跑一样控制不住，难以做到随心所欲。

连自己对自己的心都难以做到自由操控，更何况夫妻、父子、兄弟、朋友、事业的合作伙伴呢？他们的心亦是难以如你所愿变化的。若能够这样想，你的心就会像河水流逝一样，没有滞凝。

何谓真正的“不动心”

不动心并非就是心如磐石一般巍然不动。像岩石那样几亿年不位移，那是绝对不可能的。

变化、流动是世间的本来面目。若能这么想，那么许多事情就能够承受了。

各位要意识到：一切皆在人生的学习过程中。人生会给予自己必要的课题。无论是人际关系还是工作挑战，总之自己会面临一个接一个的人生课题。

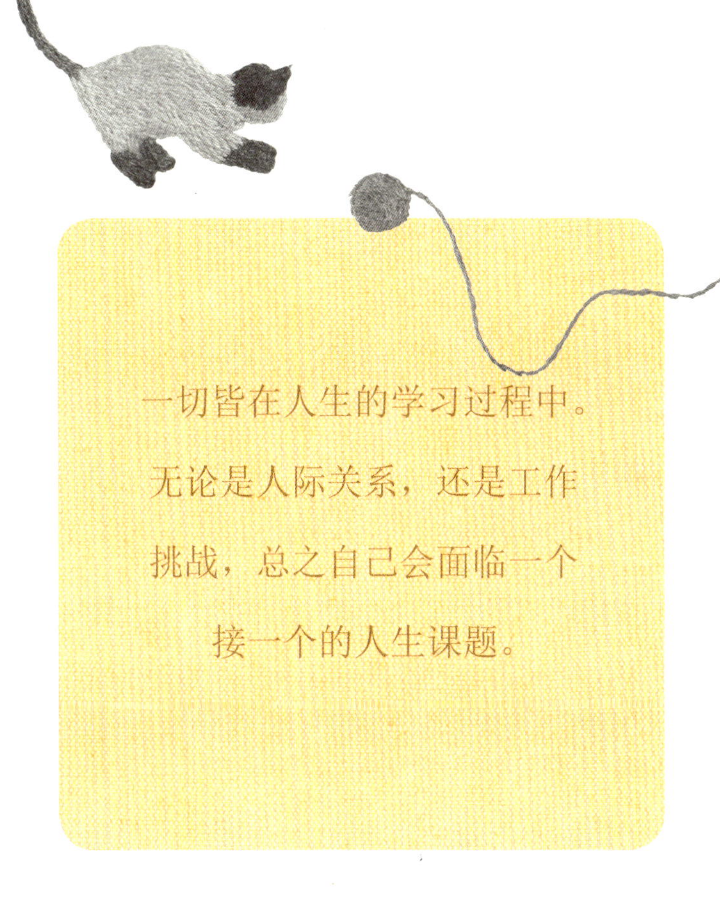

一切皆在人生的学习过程中。
无论是人际关系，还是工作
挑战，总之自己会面临一个
接一个的人生课题。

英国旅行中发生的事

我于 2007 年 7 月末到 8 月初，去了一趟英国。在停留期间，特意从伦敦飞往爱丁堡住了一晚。爱丁堡近郊有一个叫艾伯茨福德的地方，这里有被誉为“继莎士比亚之后最伟大的作家”沃尔特·史考特居住过的城堡。城堡里有巨大的藏书库和武器库，据说这些收藏给了他很多灵感，让他写了很多小说。因此，这里成了作家或者梦想成为作家之人的朝圣之地，即使稍微远了点，我还是去参观了一下。这个地方位于边界，正好在英格兰和苏格兰的中间地带。

当时，给我做导游的是一位不到四十五岁的日本女性。她因为非常喜欢20世纪70年代曾在日本流行过的爱丁堡某组合的歌曲，于是就来到了爱丁堡，并从此定居下来。然后与一位苏格兰人结了婚，她从事导游行业已经有十多年了。

她告诉我，她丈夫在三年前去世了，她还住在和丈夫一起住过的房子里。虽然丈夫已经走了三年了，今后应该怎么办，她有些彷徨。

我感觉到她似乎想要咨询下我的看

法。于是，我就向她传达了我的观点。

“你们的婚姻生活好像过的很幸福。”

“是啊。所以我才无法忘怀。”

她恐怕很在意，去世的丈夫是不是会不同意自己再婚？对此，我说：“啊，已经够了。不要对过去太执着，去找一个喜欢的人吧。若你能得到幸福，你的丈夫也会欣慰的。”

当我把这番话告诉她后，她喜泪交加。

尽管这听起来有点不可思议，但实际上，因为我知道她顾虑的是什么，所以才替她将内心的想法说了出来。

去天国之人与当幽灵者的区别何在？

这件英国发生的事，如果与电影《怪谈》比较来看，我认为还是心境不同的结果。

导游的丈夫好像是五十岁左右去世，虽然比想象得稍微早了点，但这个丈夫的灵魂，却与怪谈里那个女老师的灵魂正好相反。

当有一天自己变成灵魂时，各位应该尽量像这样，祝愿留下的亲人们能获得各自的幸福。要斩断对这个世界的执着，在那个世界保佑他们吧。管好自己的事情，在新世界里，还要结识新的朋友，过好新生活。保持这样心态的人就会上天国。

如果不是这样，灵魂就会留在这个世界上，在妻子身边叫喊着这是我挣来的土地和房子，绝不允许他人沾光，那这样的灵魂就真的会变成幽灵。

要摆正心态，在那个世界祈祷留在人世间的人们能更加幸福。

大家都会离开这个世界，必须从现在就要意识到，一切不过这么回事而已。

离开这个世界的人，

应该祝愿留下的

人生活得更加幸福。

这是真爱？还是……

如果真的爱对方的话，应该祝愿对方幸福，而不应该诅咒对方不幸。

如果在自己认为的“爱”中，掺杂有诅咒对方不幸的意念，那这就是极端自私的“爱”，是基于自我保护的欲望或面子而生的、自我怜悯的“爱”。

若是真正的爱，就必须祝愿对方此后的幸福。

如果诅咒对方不幸，或像《怪谈》中恐怖的女老师一样死后也不让伴侣安宁，这就已经到了恶毒的地步。谁都不希望事情变成这样。

你的爱是否是束缚之爱？

爱过头容易产生问题。孩子也好，夫妻也罢，恋人也好，如果爱过了头，有时就会相互伤害。

对孩子也好，对异性也罢，如果太过于奉献，溺爱过分，那么嫉妒心就会越重，独占欲就会越强，所以，爱过头其实也会产生问题。

不要这样，而应该在某种程度上给予对方自由。即使是孩子，也要给予其一定的自由，何况是丈夫，更得要给他一定程度的自由。如果将其完全束缚，像笼中鸟一样，那就不是爱了。只有在空中飞，鸟才能称其为鸟，关在笼子里，鸟就会死掉。

为了让丈夫能够心情舒畅地去上班，这就需要妻子的帮助和爱。

在爱之中，还是需要一些健全的嫉妒。嫉妒本身是不可能完全消除的。嫉妒、上进心和竞争心等是相互关联的，所以无法完全消除。

嫉妒到褐色程度恰好

松下幸之助曾这样说过，“嫉妒心要嫉妒到褐色程度恰好。”若嫉妒到焦黑程度，是不行的。可是，一点嫉妒心都没有，也是不行的。褐色、棕色是嫉妒得恰到好处，请到这种程度为止。

这也是一种中庸之道，可以称之为“嫉妒之中道”。

无论是丈夫还是妻子，多少有点嫉妒或占有欲还是应该的。尤其是夫妻中的一方比较热衷于自己的兴趣爱好或参加社会活动时，另一方就会担心起来，开始想要抱怨。

但如果一点嫉妒心都没有，这又会让人感到疑惑了。“请自便，我完全不会在意，也不关心，要去哪里，要死在哪里都随便你。”若是如此，几乎等于没有爱。

如果嫉妒心能停止于恰到好处的褐色或不造成伤害的状况就好了。这对配偶或对孩子都是一样的，如果嫉妒到焦黑的话，是不行的。请控制火候，恰到好处的、薄薄的褐色、棕色就好。

对所爱之人的嫉妒之心，

最好到褐色为止。

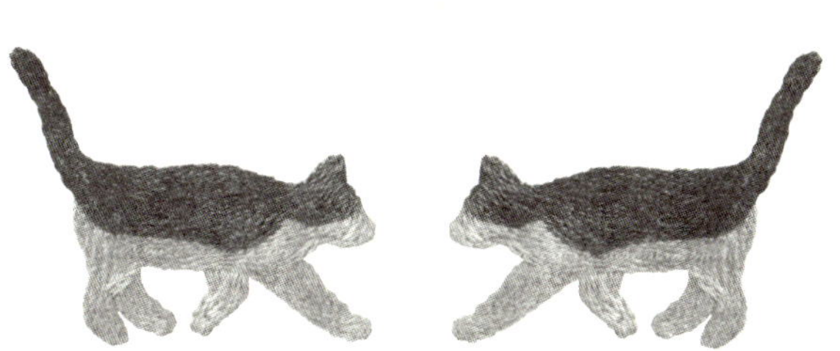

能干的妻子要能熟练地拿捏分寸

嫉妒也是爱的一种表现，少量即可，不能嫉妒到焦黑，而且也不可以将对方放到笼子里。

稍微的嫉妒，但同时要一定程度上信任对方，给予对方自由，对此的分寸拿捏很重要。

另外，妻子也需要随着先生立场的改变，不断地进行相应的变化。世上的人并非都是站在同一立场上，妻子若不能随着先生在社会上的地位、职业，进行心态调整的话，将来就会遇到很大的困难。

必须重视心的控制

电影《怪谈》讲述的是一位四十岁不到的女音乐老师，与刚过二十岁的年轻男子陷入了很深的感情的故事。

女方一开始就已明白，年轻的男子终究会抛弃自己而和年轻的女孩在一起。当初男方因为没有稳定的收入所以才会依靠自己。既然早已明白这一点，若能带着这几年只要快乐幸福就行了的心情，就不会变成幽灵了吧。

希望各位以此为戒，认真考虑一下嫉妒到何种程度为好。

打从心里说出“我爱你”

有的人，吵架分手后，才发现自己深爱着对方。有的丈夫，在离婚后，才吃惊地发现没有妻子竟是如此空虚。有的妻子，在大骂、诅咒后平静下来，才发现丈夫的伟大。有的父母，在孩子去世后，才发现自己未曾夸奖过孩子，而不断自责。

请记住我的话，失去后才发现已为时太晚。如果你真心地爱对方，就请现在向对方说出“我爱你”。如果你真心地喜欢对方，就请现在以行动表示出来。切莫遗留下永远的悔恨，在自己尚有生命之时，把真心的爱讲出来，就请打从心底大声说出“我爱你”。

How
About
You?

Part 2

你的爱是真的吗？

Is Your Love a Real One?

要知道爱是施与

在此我想讲讲如何获得幸福这个简单的题目。

幸福科学特别重视“爱”的教义，其特点是将“爱”与“执着”进行了明确的区分。

世上有许多人在定义爱时，都是以自己被爱为中心来进行思考。这也可以说成是从他人身上得到爱。但是，幸福科学所说的爱是“施爱”。“施爱”相当于佛教中所说的“慈悲”。

对于这样的内容，若未学习过宗教性的思考方式，是很难理解的。若是仅仅接受过普通学校的教育而进入社会的话，大多数人甚至没有考虑过什么是“施爱”吧。

明明自己对他人付出了爱，为何被讨厌了呢？

这个世上，人们在很大程度上被一种错误的“爱”的观念所支配着。许多人以为自己对他人付出了爱，正在进行爱的实践，但却因为思考方式的错误，许多情况下反而带来了痛苦。

请做父母的思索一下对子女的爱。父母都会把自己的孩子，捧为掌上明珠，你是发自内心地爱着孩子，并且是为了孩子而活着的吗？

有很多情况是，小孩子并没有按照自己的期望成长，不听自己的话，进而出现许多叛逆的行为。

我是如此疼爱着孩子，可他们为什么不听我的话还要和我作对呢？非要把我说得这么坏？真是不知道这是为什么啊！为此而苦恼的父母，恐怕不在少数吧。

自己所爱的孩子走上歪路，行为不端，甚至举起反旗离家出走，夫妻关系也因孩子问题而恶劣。此时，父母们会想：“我是如此深爱孩子，为什么会是这样的结果”，实际上，这种想法本身就隐含着错误。

有条件的爱逼得孩子走投无路

错误之一就是向孩子要成果，如果达到了目标，我就爱你，以这种方式给予爱的父母多不胜数。

在公司等环境中，盛行成果主义，这种倾向已渗入家庭当中。母亲要求孩子取得一定成果，如果孩子达成目标，就疼爱他，如果没有达成目标，叱责和怒火就会替代疼爱。当然，在一定范围内，这样做是被允许的。孩子若在学校取得优异的成绩、体育表现活跃、绘画或书法作品得到好评，是值得高兴的事情，父母夸奖孩子几句也是理所当然的。但是，若开始将成果作为条件、给爱附加条件的话，就会产生许多问题。

孩子能够达到目标固然很好，若达不到，就会向父母举起反旗，以保护自己。“如果你达不到目标，就不疼爱你了！”当孩子听到父母这样说的时候，就会感到恐惧，父母也许会抛弃自己。他们会感到与爱相反的恐惧。

虽然孩子会为了取得某种成果而努力，但由于父母的要求太高，难以达到时，为了自我保护，孩子就会反抗、自闭或逃避。

像这样，孩子的异常举动、反抗或逃避等行为，都是因为父母有条件的爱所引发的问题。

省思一下你的爱是不是

“有条件的爱”？

当感到伴侣的爱成为重负时

同样的事情，也容易发生在夫妻或恋人之间。要求伴侣具有某种条件的事情，是家常便饭。

这种思考方式就是：如果你满足了这样的条件，那我就爱你；如果你出人头地了，我就爱你；如果你收入增加了，我就爱你；如果你有房子了，我就爱你；诸如此类，要求条件的事情形形色色。人们常常没有觉察到，这样的爱，对于对方而言是一种十分沉重的负担。

虽然为得到伴侣的尊敬而拼命努力的

人不在少数，但是不堪沉重负担、有苦难言的人也为数不少。

此外，在亲子、夫妻、恋人之间，也有许多人痛苦于自己被束缚、被管束。要知道被父母或伴侣的束缚感越重，不幸感也就越强。

以为是爱对方，实际是支配欲在作怪

以为自己是爱对方，不曾想到自己会给对方带来不幸。

特别是，人越聪明，其支配欲就越强，就越会表现出想要支配他人的倾向。在这种支配欲下，就出现了以为自己能操纵对方的错觉。

如果对方按照自己的意图行动时，就会觉得自己与对方相互爱着，如果对方偏离了自己的意图，就会感觉爱不成立。这从某种意义上来说，完全是支配欲，而不是真正的爱。

支配欲强的人虽然以为自己这么做是在爱着对方，但这种爱与我所倡导的“施爱”不同。

操纵对方，若对方按照自己的意图行动的话，爱就成立；像合同一样，如果符合条件，就是爱；若对方符合自己心目中的“模子”，爱就成立，否则就不成立。诸如此类的思考方式，都是不正确的。

想随意操纵他人的人，其内心有着恐惧

持有这种想法的人当中，女性较多，为什么有这么多女性非要把自己的丈夫或男性伴侣放到模子中呢？我认为其原因还是在于恐惧之心。

这是一种怕失去对方的恐惧，害怕对方去了一个自己无法掌控之处。

另外，一般情况下，因为不知道对方（男性）在公司里做什么样的工作，所以也有一种对掌握不了对方行踪或工作的恐惧。

当对方的一切均在自己的掌握中，感

到自己能操纵对方时，她就认为爱是成立的，而一旦无法操纵了，一种恐惧之心就会马上涌现出来：“自己是否会在不知不觉中被抛弃了呢？”

如此一来，她们的防御本能就会出现，自己无论如何也要操纵对方，不知不觉中不仅说话变得越来越刻薄，甚至开始检查起对方的行动来了。

家庭之爱崩坏的起因

在丈夫洗澡时，查看他手机或笔记本电脑中的电子邮件、短信、电话。这样的事情一旦开始，基本上就会成为家庭之爱崩坏的导火索。

他收到了一些什么样的邮件呢？这不会是女人来的信息？妻子查看丈夫邮件的过程中，一些幻想就会慢慢成形。更甚者，会委托侦探调查丈夫，到此夫妻关系已经进入了一个相当危险的境地了。

之所以会变成这样，基本上是支配欲在作祟。那是因为想支配对方、想独占对方的欲望占了主导。

对于无法压抑这种情绪的人，最好暂时冷静下来思考一下。

好好想一想，从施爱的角度出发，来检视一下自己是否支配欲和独占欲太过强烈？那绝对是一种把对方捆绑住的爱，这是夺爱，这种爱别人的方式是错误的。

孩子们会逃离以恩人自居的父母

女性有一种将家人看作自己私有物的倾向，认为丈夫与子女都是自己的私有物品。

在亲子关系比较融洽的家庭中，亲子间大多都是这样的对话：“妈妈只是生了你，没有做什么别的。你是靠自己的学习与努力，才会有今天的成就。”因此孩子不会反抗父母。

然而，亲子关系不太融洽的家庭，其情况正好相反。孩子感到父母把自己当成所有物时，通常会产生反抗之心。妈妈会常常说：“生你的时候，我疼得死去活来。那时，你爸爸被裁员，回家无事可做，我们家里的经济状态差得不能再差了。我的身体也不好，生你的时候身体都走样了，至今还没有恢复呢。”父母以恩人自居，并且连续十年以上给孩子念这些话，要求孩子要感恩。这对听厌了这些话的孩子来说是一件多么痛苦的事。于是，小学六年级左右至中学时期，孩子就会开始逃离父母。

父母必须知道，孩子为什么要逃之夭夭。因为自己总是说着相同的话，孩子唯恐避之不及。总是要孩子感恩所以不停地唠叨：“你还欠我呢。快还，快还！”

唯有纯粹施与才会有“德”

如果对子女一直是这样以恩人自居，那么养育子女不会让父母积“德”。只有“纯粹给予”才会有“德”。

“自己在背后作无名英雄就可以了。养育子女本身就是自己生存的意义，这本身就是足够的奖励。唯愿子女能够幸福生活就可以了。”如果父母能够这样想的话，孩子就不会逃避你了。

但是，父母若想着，自己吃过的苦，经历过的艰辛，往后要让子女一点一滴地报答回来，那孩子就会想要逃走。

如果总是不停地听到，“你还有多少欠债没还”，就算讲话的是自己的亲生父母，孩子也会想着逃避，毕竟被讨债不是一件令人心情愉悦的好事。

如果你的孩子开始逃避，那么请反省一下自己是不是也有这样的口头禅，常常以恩人自居。

是否错把嫉妒心当成了爱?

在夫妻关系中，有不少人因为害怕失去对方而产生的嫉妒心，还误认为这是爱。的确，男女之爱不能容忍第三者进入，也会产生一定程度的嫉妒心。

但是，嫉妒心过重而走向极端时，就必须知道它已经不是爱了，而是在束缚对方、剥夺对方的自由。对方也会因为这个重负而痛苦。

真正的爱，应该是要让对方幸福，但一般人却容易走向极端。若以为这就是爱，就会将自己的嫉妒心正当化，各位须明白：嫉妒心与爱是不同的。

各位须明白：

嫉妒心与爱是不同的。

“相信对方”的重要性

从本能上说，伴侣之间无论如何都会产生嫉妒心，此时重要的是应尊重对方的人格，在一定的范围内给予对方自由。必须要持有“相信对方”的心态。不仅是夫妻之间，对待子女也是一样的。无论多么在意子女，也不能一天到晚死盯着他不放。子女上学、与朋友玩耍或上补习班期间，没有必要监视他们。总是将其放在自己的可视范围内，这不一定是爱。

如果开始心存嫉妒，必须要立刻反省，将这种情绪化解掉。如果任其发展，嫉妒心恐怕就会转化为通向地狱之心。

不愿早回家的丈夫的心声

嫉妒心几乎全都是源于恐惧。这是一种害怕对方逃走、害怕失去对方的恐惧，它是一种自我保护。在其背后，有着想操纵对方、支配对方的心情。在一定范围内，这样的心情也是可以原谅的。但是让对方感到痛苦，施加重负，使其感到窒息，就会让爱彻底破灭。

实际上，这个世上害怕回家的男人有很多。丈夫为什么老是想泡在小酒馆呢？

那是因为想晚些回家，尽可能地缩短与妻子的接触时间，这是一种逃避，只想尽可能地拖延回家的时间。

与妻子接触的时间长了，丈夫不知道自己又会被她念叨些什么。所以他才想营造一种回家后，马上就能睡觉的状态。

“唉，今天累了。加班实在太累。”

“今天接待客户真是太辛苦。”

这样一说，倒头就睡，就能尽量减少与妻子对话的机会。

这样的男人世上有很多。必须将他们从妻子的攻击中解救出来，他们实在很可怜。他们因为不知道如何与妻子对抗而痛苦，是需要被拯救的对象。

给对方施加重负，

爱就会彻底破灭。

控制嫉妒心是成熟者的智慧

能够控制嫉妒的情绪，这是成熟者的智慧。

各位必须学会控制嫉妒心。首先要将对方作为一个独立的个体来尊重，这是前提。无论是夫妻、情侣，还是对已经长大成人的子女，都是一样的。有些事自己可以干涉，但有些事必须交由其本人去决定。

“因为爱你爱得这么深，所以我要把你彻底圈住，不能让你逃走。”

若以这样的感觉来拥抱丈夫，那么丈夫便会渐渐地觉得脖子被勒紧，越来越无法呼吸。

有些执拗的女性，甚至会打电话到丈夫单位，确认丈夫是何时下的班。于是，当丈夫深夜回家，若说加班到很晚的话，就会被追问。这已经不是爱了，而是伤害。

从丈夫的立场来看，如果妻子不出语伤人的话，是能够早点回家的。正因为妻子像侦探似的监视着自己，才让人有家难回。

作为一个成熟的成年人，应该给对方一定程度的自由。必须知道每个人都有自己的隐私。想丈夫早点回家，不是靠查问和管束，而是要给他早回家的理由，令他产生迫不及待想要回家的念头。这需要花点心思。

提高爱的能力

无论是夫妻，还是亲子，都应该认识到对方具有独立的人格，努力培养一种成熟的关系，这样爱对方才是最重要的。否则，爱是不会长久的。

爱的能力是可以提高的。为此，相互之间最重要的就是努力培养一种成熟的关系。而且，为了防止爱变得执着，不能强加给对方义务感，而是应该相互珍惜，让发自内心的爱自然涌出。

以上向大家讲述了如何以爱为中心，获得幸福的技巧。希望能为各位在思索有关爱的问题时，提供参考。

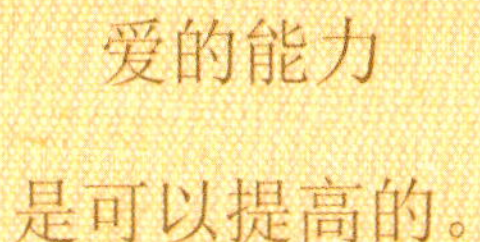

爱的能力

是可以提高的。

为小事而高兴吧

世间，

充满了小小的喜悦。

能吃上早餐，

能自己刷牙，

能顺利排便，

能顺利小解，

不坐轮椅也能行走，

能用鼻子和嘴呼吸，

能用手抚摸孩子们的头，

夫妻之间可以相互拥抱，

能自己爬上楼梯，

能在阳光下的公园散步。

今天，

有职场也有工作，

自己还能付出劳动，

还能为社会做出贡献，

身体尚能自由地活动……

为自己存在感到喜悦，

这是多么幸福的事啊。

为小事而高兴吧，

感谢这些小事吧，

从细小的事物中，

感受梦想和生命的活力吧。

How
About
You?

Part 3

你的心清爽吗？

Live with Cheer.

你活得清爽吗？

在本书的最后一章，我们来探讨一下活出清爽人生这个主题。

从市面上出版的书籍以及我私人的藏书来看，几乎找不到一本以活得清爽为主题的书。这很令人意外，谈这个主题的人好像不太多。如果是这样的话，那就由我来说好了。

谁也不想碰到牢骚满腹的人

在人生当中，不应忘记开朗和清爽。

为了成为一个清爽之人，关键是什么呢？

首先，请各位想想，什么样的人是不清爽的呢？应该会想出几种来吧。若是让我来说，首先想到的是牢骚满腹的人。

谁都不希望遇到牢骚满腹的人吧。

显而易见，这样的人总想博得他人的同情，有时也确实值得同情。大家都能理解其想要倾诉的心情，但是听多了这样的牢骚后，自己的心情也会逐渐变得沉重起来。

请停止乱丢心里的垃圾

与开朗的人相见，自己也会精神振奋，生机勃勃，所以见了还想见。然而，每次见面都会发牢骚的人，就会让人感到泄气。毕竟这会让人觉得，自己是不是被当成了垃圾桶？

如果有人边走路边乱丢心里的垃圾，与其跟在其后拼命捡垃圾，还不如对他说："该是停止播撒心里垃圾的时候了"，这样反而比较积极、正面。

有必要向丢垃圾的人传授如何不乱丢垃圾的思考方式。

牢骚将在你的心中制造乌云

那么，怎样才能让发牢骚者停止发牢骚呢？

在这里，首先应该知道一个事实。

发牢骚意味着什么呢？那就是在心中制造乌云。

为什么会发牢骚呢？因为想得到他人更多的表扬，想得到称赞，想得到金钱，想得到地位，想得到名誉……

像这样，对各种东西都一直想要，欲望非常强烈，可是却无法得到满足时，人就会开始发牢骚。

只要自己好就行的想法不可取

发牢骚的人，喜欢将问题归咎于他人不好或环境不良。这是其特征。怪罪于自己而发牢骚的人，是很罕见的。认为自己不好的人，是不会发牢骚的。一般来说，归咎于他人或环境的人，才会发牢骚。有这种欲求不满的人为数不少。

如果发牢骚能得到什么好处那就算了，但事实并非如此。举例来说，若有一个人叫嚷着讨厌家中垃圾堆积如山，然后将垃圾扔出窗外。这种认为只要自己好就行的想法，结果是造成了整个街道的污染。

发牢骚也是一样。将牢骚全部扔出去，自己觉得一身轻松，却渐渐让周围的人厌烦起来。

要知道：牢骚不仅会亵渎自身的佛性、神性（一切生命都有，具有与佛神同样尊贵的性质），同时也会弄脏别人的心田。想要发牢骚之时，请一定要想到：牢骚会在心灵中制造乌云，并且播撒垃圾。牢骚之乌云会使心灵得不到光明的照耀，变得更加阴暗。此外，爱发牢骚的人很难交到朋友，这也是其特征，必须知道这一点。

牢骚会在心中制造乌云，

并且播撒垃圾。

想把往事与今天相比时

爱发牢骚的原因之中，当然有一部分是身体方面的原因。人上了年纪以后，大多身体会出现状况，因此就容易发牢骚。开始时只是觉得这儿也痛，那儿也痛，慢慢地不平不满就会积累起来。

希望各位要注意。人过四十岁就容易把往事挂在嘴边。以前是如何如何好这类话，将会成为牢骚的根源。

唠叨自己孩子的时候如何，年轻的时候如何，三十岁的时候如何，结了婚以后如何，工作的时候如何，升职的时候如何等，就这样一直想着过去，很容易就会开始发牢骚。

人生即使走在下坡路上也会有好事发生

四十岁是人生的转折点。

更明确地说，原来一直都是登山的状态，但从此以后，就可能要走下山的路了。这就是四十岁。

在此之前，大都是以某种形式不断往上走，但从此以后，事实上是开始走下坡路的。最后就是去往彼世。这一点是不会错的。

如果说出生之前是登山之前的预备阶段，那么出生之后就是登山的状态，所以人生不得不在某处开始下山。

参照以前的辉煌，看到自己现在不如往昔的状态，人就容易开始发牢骚，这就很可悲了。

因此，过了四十岁，谈起往事时应该适可而止，而且，要着眼于未来。现实也许是在走下坡路，但是，下坡路上也有很多好事发生。下坡总比上坡轻松，而且，还能够“回家”。明白了吗？灵魂还能够回家。去往彼世，才是灵魂真正的家。如今是到这个世界来旅游的。

登山时，谁都会向着山顶前进，若真的到了山顶，就觉得高处不胜寒。一个晚上也不愿待下去。

即使是以登上山顶为目标，人最终还是想要回家的吧。下山就意味着从此就要回家了，因此将会好事连连。

各位还是应着眼于未来，展望未来，心情开朗地生活下去。如此下决心，非常重要。过了四十岁，提醒自己不要过分地谈论往事。这就是我想提醒各位的。

活出清爽的第二人生

四十岁以上的人，要尽可能以乐观的态度来看待未来。

当看到五六十岁甚至七八十的老人在乐观地谈论未来时，年轻人也会感到很钦佩吧。

他们也会想："希望十年、二十年后，自己也能那样。就算是大限临近，还能活得那样健康、开朗，真让人羡慕。"这就是一种清爽的人生态度。

若是让年轻人觉得"不想变成那个人的样子"，那么这个人的生活方式，肯定是不清爽的。

希望各位的目光要放在未来，要以面向未来的姿态去生活。要把未来看得光明些，要相信未来是光明的，要尽量看到事物好的一面。要减少发牢骚，要怀着人生才刚过一半的心情去生活。

如果做到这样，人生就会出现截然不同的境况。不可思议的是，自己的人气会开始兴旺，并且开始受到他人的称赞。人们会感叹：太了不起了，那个人好像很努力的样子！于是，那些赞叹就会像游泳圈一样，让你产生人生的浮力。“那个人，真的很上进，很开朗，这把年纪竟能那么乐观地看待未来！”大家对你赞不绝口，你自己也自然充满力量。这样的生活态度，对自己来说是大有益处的。

以前的辉煌大多是过去的遗物。对用过的、以往的东西，用不着执着，重要的是面向未来。

要经常把未来事挂在心头，对此，希望各位能够经常注意。

人生若已过半，

更要时刻注意面向未来。

谁都有自卑感和嫉妒心

当我们思索如何活得清爽时，都必须面临个人修行中的两个重大课题——如何克服自卑感和嫉妒心。

完全没有自卑感和嫉妒心的人，在这个世界上是不存在的。

虽然程度不同，但不管怎样的人，都是或多或少会有些自卑感的。

只是，总把自卑表现出来，给人留下自卑感很强印象的人，是“不清爽”的，他会给人一种灰暗的感觉。

因为人各不同，世界才有趣

自卑感产生于与他人的比较。嫉妒心也是产生于与他人的比较。两者都是如此。

这个世上，大多数人必须要和他人一起生活，而且无论什么人都会有某些优点，某些缺点。

要是所有的人都像机器人那样全都整齐划一，那样肯定没意思。完全相同的尺寸，都具有同样的性能和功能，寿命也一样，马力也相同，如果是这样，那就同机器人没什么差别了。人类不可能是这样的。

因为人类有各种各样的差别，所以才

会制造快乐，才有无限的可能性，才觉得有意思。

而且，人与人的组合也同样有趣。不同类型的人搭配在一起，可以做成各种事情，那更是了不起。

上面说了自卑感和嫉妒心是在与他人比较的基础上产生的，要知道人与人不同是理所当然的事情，如果每个人都一样，那这么多人出生还有什么意义？因为有许多不同的人存在，人们才能互相刺激和激励，在相互切磋中生活、成长。有时做老师，有时当徒弟，互相教育，取长补短，因为只有这样生活，人生才有乐趣。

唯有靠自己才能克服自卑感

如上所述，每个人都有自卑感和嫉妒心，努力改变心境，努力超越它，向觉悟挑战。

没有自卑感和嫉妒心的人是不存在的，重要的是怎样超越它，把它变成有益的东西。

我有自卑感，而且很强烈，这里、那里，到处都是……你需明白：列举再多，也不能解决问题。我不是美人，很多机会都不会给我，这顶多只能对父母发发牢骚。四处打探如何再长高二十厘米，但最后也只有穿高跟鞋对付对付。有人叹息自己不够聪明，可原因在于过去没有好好地努力，事后说再多也于事无补。

像这样，即使把自卑感扔给他人，也是解决不了问题的。

向他人诉说这个那个，希望得到安慰，但到头来什么也改变不了，唯有靠自己才能克服自卑感。

积累小的成功吧

克服自卑感需要自我精进，不断积累小的成功，来增强自己的自信。

通过增强自信，自卑感就会逐渐淡薄。随着小的成功不断积累，慢慢地就不会觉得自己有自卑感了。

自卑感强的人，一天到晚，都在考虑自己如何自卑。

不如试一试，看看当用来自卑的时间逐渐减少时，情形会变成怎么样呢?

这时，你会开始考虑他人的事情，一段时间后，你忘记了自卑时，你就能体会到幸福与成功。

不断积累小的成功，
自卑感就逐渐淡薄。

你所嫉妒的对象实际上是你的竞争对手

另一个课题就是如何克服嫉妒心。

与他人比较时，你所有方面都比别人强是不可能的。必定是有些方面优异，有些方面则会比较差。

人所嫉妒的对象，基本上来说，是自己所关心领域的人。简单地讲，是能够成为自己竞争对手的人。你对不是这一类的人，是不会产生嫉妒的。

比如，我每天都在运动，这只是为了健康，并不是因为想当运动员而运动。所以我要嫉妒奥运选手，是不可能的，想都不会想。

之所以感到嫉妒，还是因为自己在乎，心里想成为那样的人，才会对那个人产生嫉妒。而对此以外的人是不会产生嫉妒的。

人对自己所关心的人，才会产生嫉妒之心。

有了这种嫉妒心，如果不努力改变自己的心态，是无法获得幸福的。

各位能从嫉妒心蠢蠢欲动的人身上，看到幸福的身影吗？当你感到某人嫉妒心很强时，你想过要变成那样的人吗？看到他人嫉妒的样子，肯定会觉得嫉妒是一件令人讨厌的事，尽管如此自己照样还是会对他人产生嫉妒。

幸福的人不太会去嫉妒他人

关于嫉妒心，女性要格外注意。

本书第一章中也讲过，如果放任本能让嫉妒的意念往前冲的话，那么死后，也许会变成幽灵。男性因为理性较强，因此变化概率较小。而女性偏感性用事，嫉妒起来便无法收拾。

过得幸福的人不太会嫉妒他人。你的幸福感越高，嫉妒心就越低。然而，如果你的不幸感越强，嫉妒心也会随之膨胀。两者就是这样一种关系。因此，努力地让自己去感受幸福，嫉妒心也会随之慢慢淡去。反之，降临到身上的就只有痛苦和不幸。

为了防止把这个世界变成一个谁都无法获得成功的世界

如果将自己强烈的嫉妒正当化，情况会怎样？

如果人们对于成功人士特别眼红，总在说：那些有钱的大老板，从穷人那里把钱卷走，然后自己享乐。

这样的话也许听着很耳熟，其实这就是在将自己的嫉妒心正当化。

但是，若对贫穷给予肯定的话，其结局就是将上位的人全都拉下来，所有人只好都过着贫穷的生活。

如果大家都成了穷光蛋，那结果就是创造出了一个谁都无法成功的世界。

因此，不能对这些肯定嫉妒心、把嫉妒心正当化的说辞给予认同。

如果一定要有的话，那应该是健全的竞争心。因为那个人正在努力，所以我也要努力，如果是这种健全的竞争心态，那就没什么问题了。然而，如果这种竞争心到了嫉妒心的层次，并得到肯定的话，就十分危险了。

让人愿意和他成为朋友的人

嫉妒心的产生几乎无法避免。如果是女性的话，大多会对相貌俏丽、穿着时尚、收入较多的人等产生嫉妒。若是男性，则大多会对收入多、父母有威望、地位和学历较高的人产生嫉妒。

为什么我会出生在这样一个贫困的家庭中呢？别人出生在如此有钱的人家，真令人羡慕。我的家住在小平房里，而那人的父亲却拥有一栋大厦……

如果平房里的孩子是个会将这些想法挂在嘴上的人，那么那栋大厦业主的儿子是绝对不会与他交往的。因为无论是谁，都不会想与露骨地妒忌自己的人来往。这样的人令人讨厌，想躲都来不及。

如果某人是个嫉妒心蠢蠢欲动的家伙，还是离此人远一点为好。因为接近这样的人，会带来不幸。

如果，住平房的那个孩子，完全不在乎与有钱人家的区别，能坦然地与他人交往。“你的老爸很了不起，你也不弱。我要像你一样，”若能这样大大方方地说出来，大家都会感到轻松吧。

人们都愿意与没有嫉妒心的人成为朋友。

把对方想象成自己的理想样子

对自己的长相缺乏信心的人，不要去嫉妒美女，而应该与其成为朋友，相互切磋美容法或时装搭配等靓扮秘诀。

不是出于竞争心，而是在自然而然相处中，从对方身上学习，从而使自己也有可能逐步接近这种理想的状态。

简而言之，让自己产生嫉妒的对象，其实是你自己心里的理想的样子。

只要还在嫉妒这个理想人物，你就不能获得幸福。嫉妒就仿佛是向对方发射诅咒之箭一样，会给人带来不幸。

“那人投机取巧，真可恶。那人发了大财，真可恶。那人盖了大楼，不可原谅。他只是老爸有钱罢了，自己没什么本事。”如果这样想，就像用诅咒之箭，企图将别人击落。这样的人，是谁都不想交往的怪物。

这样想既无法创造人脉，也不会生德，所以会交不到朋友，也没有人愿意支持自己。

不要再嫉妒下去了

必须努力克服嫉妒心，请克服它吧！

生来没有嫉妒心的人是不存在的。如果一直任凭本能行事，那无可避免地会产生嫉妒心。有嫉妒心并将其扩大，就不可能获得幸福。首先，最重要的是认识到这一点。如果认识到了这一点，就要学习如何去控制自己的心。

嫉妒是不会带来幸福的，再也不要嫉妒了。之所以产生嫉妒，那是因为羡慕对方。之所以羡慕对方，是因为在你自己关心的领域，比你自己领先了一步，优于你自己。

即使自己不能取代对方，也要把对方当作理想，去努力接近。要怀着祝福对方成功的心情。这样，你就会逐渐接近理想。

然而，如果你嫉妒、攻击对方，你就会离理想越来越远。

现在，日本是一个贫富有所差异的国家，经济也不够景气。在这样的状况下，那些在经济上痛苦挣扎的人们想必很辛苦，但是也不能将嫉妒的情绪过于正当化，仇富不能让自己变幸福。

要为成功的人祝福

在贫富有差距的社会中，看到成功的人，应该直率地学习其成功的秘诀，并改变心态，努力向其靠近，这一点很重要。

现实中，人们不可避免地会产生嫉妒心，也可能会通过批判成功的人而获得一时的快感。然而，这样做不可能获得真正的幸福。

若看到成功的人，首先要将其作为理想人物来祝福，这一点很重要。

对东方人来说，承认并赞美别人本来就是一件不易做到的事，对成功者说出“真了不起”，这更会让人感到不好意思，难以说出口。

比如，某高中生英语考试只得了六十分，他正感到十分懊恼。此时，让他去祝福取得满分的人，的确没那么容易做到。

“这个家伙肯定请了一位好的家教吧。与我家不同，好像其母亲是留学回来的，英语很流利。”这位高中生也许会找出各种理由来安慰自己。

可是，此时，若能直率地承认对方的能力，肯定此人了不起，自己也就朝这个理想的样子迈进了一步。

人都会朝自己的理想人物、给予肯定

和祝福的人物靠近。对于心里描述的那个人和人生目标，自己一定会朝着这个目标迈进。因此，重要的是以什么为目标。

整天想着如何拼命拉成功者的后腿，是不行的。因为成功者其实是自己的目标，必须朝这个目标靠拢才行。

请各位最好改变思考方式，要真心称赞他人，切勿别有用心，然后，朝那个理想大步迈进。这样的人，至少可以说他已经开始从不幸的状态之中解脱出来了。

人都会朝自己的理想人物、

给予肯定和祝福的人物靠近。

改变思考方式踏上成功的轨道

当心中充满自卑感或嫉妒时，要意识到自己已成了不幸的人。

反之，当这种情绪淡薄时，则可以说，自己已踏上了成功的轨道，会越来越幸福。

尤其是年轻人，单纯、细腻，容易感情用事，也容易产生强烈的自卑感或嫉妒心。

在容易产生自卑感或嫉妒心的人里，实际上也有许多优秀的人。

这样的人，通过改变思考方式，是可以踏上成功轨道的。

请各位一定要改变思考方式。

常保持积极的人生态度

请各位常保持积极的人生态度，请务必成为一个积极向上，总是面向未来而生活的人。

遇到困难时，要拿出勇气，坚决果断地克服困难，你就可以突破困境。

以这种姿态去生活，不正是被世人们称赞的清爽之人吗。

坚决果断地丢掉阴暗潮湿的一面，开朗地去生活，这样的人生态度才称得上清爽。

令人烦恼、想发牢骚、感到迷茫的根

源多不胜数。光发牢骚是没有用的。不仅于事无补，也交不到朋友。

对自己的烦恼，要在适当的时候进行彻底丢弃。到此为止吧，再也不要烦恼了。因为死人是活不过来的，所以再后悔也没用。这么苦恼下去，债务也不会自然减少。总之，必须向前看。重要的是下定决心，哪怕是前进一两步也行。

看到这样的人，就会觉得清爽，心情也会变好。请各位一定要成为这样的人。

只要改变心态，就可做到这一点，这并非难以办到的事情。

打开心灵的开关

打开心灵的开关吧。

将开关转到开朗的方向。

打开开关，电灯就会一下子亮起来，关掉的话，电灯就会熄灭，就这么简单。

既然现在心是灰暗的，那么就让它转向光明吧。请将钥匙插入心的锁眼，让心转向光明的一侧吧。

要光明开朗地生活。这就是清爽的人生。

请打开心灵的开关，

让心转到光明的一侧吧。

爱的种子

请将手放在胸前，静心回想一下。

在你的一生中，向世间付出了多少爱？自出生以来，向他人付出过多少爱？对植物或动物给予了多少爱？对自己有几分真正的自爱？

每个人的灵魂终究要离开人世，返回到彼世。届时，像走马灯似的回顾自己一生的时刻终会到来。

在你与每个人的关系中，你播下过多

少幸福的种子，这些都将一览无遗地被展现出来。

对父亲、母亲、妻子、丈夫、孩子、老师、朋友、同事、上司和部下等生命中的人，你究竟曾经付出过多少爱？

要想召唤幸福女神，就要先播下爱的种子，就要让他人也幸福。

只有在让他人获得幸福的过程中，才能找到自己的幸福。

后　记

简单地说，如果你满怀嫉妒心，那就不能说你现在幸福。

本书是一部魔法书，通过思考方式的转变，就能让你变成人见人爱、充满幸福感的人。

你不想试试改变一下自己的思考方式吗？到此为止吧，再也不要烦恼了，再也不要去为了博得同情与怜悯，让自己扮演悲剧的主人翁了。

请清爽地生活吧，就像五月的清风吹拂大地一样。

大川隆法